# Contents

Guten Tag! Ich heiße Peter.
Wie heißt du?

Guten Tag!
Ich heiße Caroline.

| | |
|---|---|
| Guten Tag............... | Good day |
| Guten Abend........... | Good evening |
| Wie heißt du?........... | What is your name? |
| Ich heiße ............... | My name is ...... |
| Bitte .................... | Please |
| Danke ................... | Thank you |
| Wie geht's?.............. | How are you? |
| Sehr gut................. | Very good |
| Gut ...................... | Okay / good |
| Nicht gut ................ | Not good |
| Auf Wiedersehen ...... | Good bye |

# Wie geht's?

Sehr gut

Gut

Nicht gut

# Guten Tag (Good day)

Die Kinder stellen sich auf deutsch vor.  Schreib die Sätze.
(The children introduce themselves in German. Write the sentences.)

Stefanie

*Guten*     *Tag!*
a) good _____ day _____

*Ich*    *heiße*     *Stefanie.*
my _____ name is _____ Stefanie .

b) Guten _____ Tag _____

Ich _____ heibe _____ Thomas .

Thomas

Sarah

c) Guten _____ Tag _____

Ich _____ heibe _____ Sarah .

d) Guten _____ Tag _____

Ich _____ heibe _____ Benjamin .

Benjamin

Guten Tag  = Good day
Ich heiße … = My name is …

2

# Wie geht's? (How are you?)

## 1) Schreib die Wörter ab und mal die Bilder.
(Copy the German words, and draw the pictures.)

sehr gut

*sehr gut*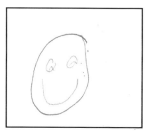

_____

gut

*gut*

_____

nicht gut

*nicht gut*

_____

## 2) Schreib auf deutsch, wie sich die Kinder fühlen:
(Write how the children are feeling in German:)

*sehr gut*
Sehr gut

a)

b) Gut

c) Nicht gut

d) Sehr gut

sehr gut = very good        gut = okay/good        nicht gut = not good

# Guten Tag (Good day)

1) Verbinde die deutschen Wörter mit ihrer englischen Bedeutung:
(Draw a line from the German words to their English meaning)

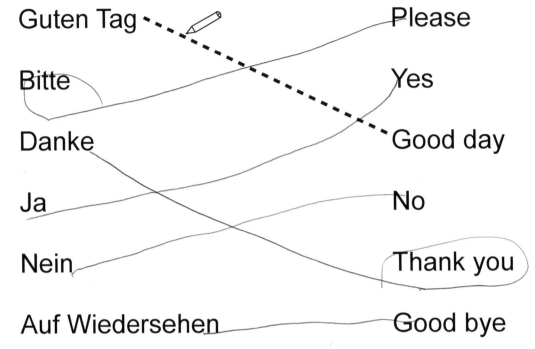

| | |
|---|---|
| Guten Tag | Please |
| Bitte | Yes |
| Danke | Good day |
| Ja | No |
| Nein | Thank you |
| Auf Wiedersehen | Good bye |

2) Such die Wörter:  (Find these words:)

Guten Tag   Bitte   Danke   Ja   Nein   Auf Wiedersehen

Guten Tag = Good day    bitte = please    danke = thank you

ja = yes    nein = no    Auf Wiedersehen = Good bye

4

# Gitterrätsel (Word search)

## Such die Wörter (Look for the words)

GUTEN TAG  
GUTEN ABEND  
JA  
NEIN  
BITTE  

DANKE  
ICH HEIße  
SEHR GUT  
GUT  
NICHT GUT  

| G | U | T | E | N | T | A | G | N | D | G | R | P | K |
|---|---|---|---|---|---|---|---|---|---|---|---|---|---|
| D | E | G | R | M | G | N | H | K | E | T | T | I | B |
| R | N | R | S | M | U | K | E | H | I | Z | W | J | Y |
| H | E | G | I | C | H | H | E | I | ß | E | D | E | H |
| G | I | D | N | E | R | O | I | H | W | E | ß | L | C |
| R | N | K | H | G | I | Z | G | D | E | H | S | U | S |
| K | I | O | E | E | D | T | U | G | T | H | C | I | N |
| W | S | G | K | Z | H | N | G | D | J | ß | L | G | B |
| G | D | N | K | W | S | E | H | R | G | U | T | H | O |
| Y | A | G | H | N | J | ß | E | L | M | E | R | G | C |
| D | K | I | E | T | G | N | K | H | ß | M | P | K | I |
| I | Y | E | U | E | L | G | E | C | N | K | R | H | Y |
| A | C | G | P | K | C | W | Y | P | W | Y | E | G | W |
| J | G | L | G | U | T | E | N | A | B | E | N | D | O |

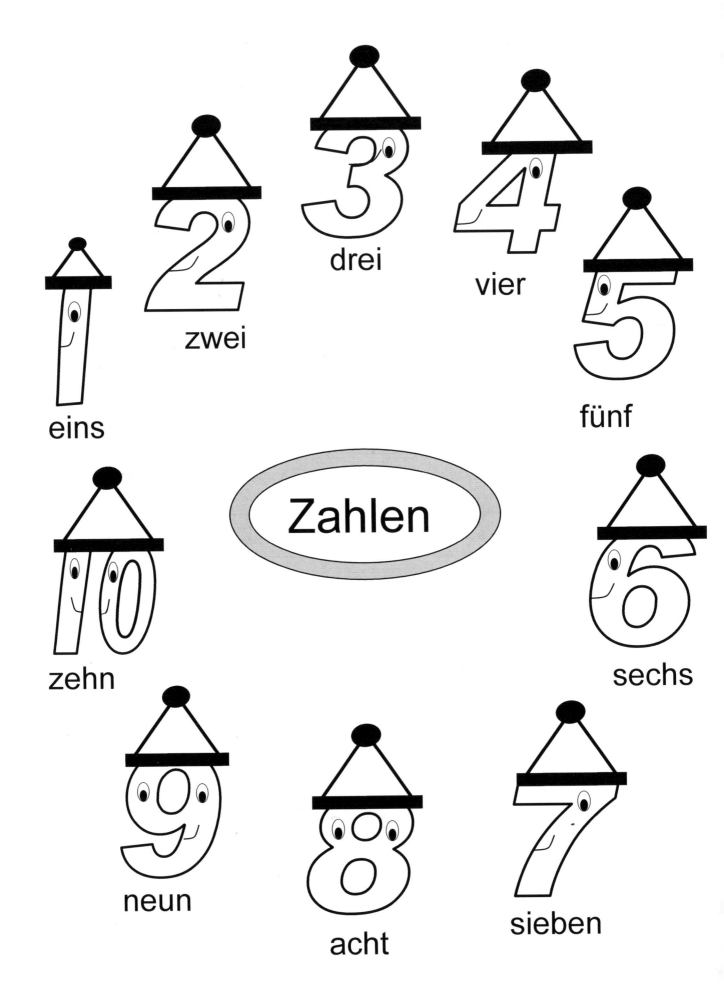

eins

zwei

drei

vier

fünf

Zahlen

zehn

sechs

neun

acht

sieben

# Zählen macht Spaß! (Counting is fun!)

Schreib auf deutsch, wie viele Punkte jeder Hund hat.

(Write in German the number of dots each dog has.)

a) _drei_

b) _Vier_

c) _fünf_

d) _Zwei_

e) _eins_

f) _Sieben_

g) _Sechs_

h) _acht_

i) _Zehn_

j) _neun_

| 1 | 2 | 3 | 4 | 5 | 6 | 7 | 8 | 9 | 10 |
|---|---|---|---|---|---|---|---|---|----|
| eins | zwei | drei | vier | fünf | sechs | sieben | acht | neun | zehn |

# Zahlenblume (Number flower)

Trag die fehlenden Zahlen ein. (Fill in the missing numbers.)

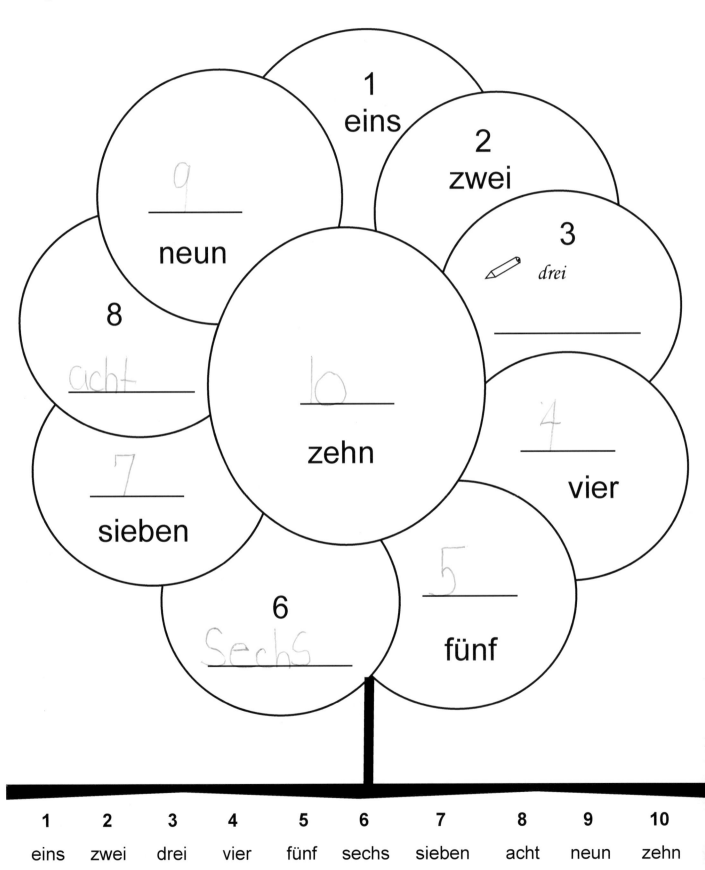

| 1 | 2 | 3 | 4 | 5 | 6 | 7 | 8 | 9 | 10 |
|---|---|---|---|---|---|---|---|---|---|
| eins | zwei | drei | vier | fünf | sechs | sieben | acht | neun | zehn |

# Zahlen (Numbers)

## Mal die richtige Anzahl der Dinge. (Draw the correct number of things.)

For example, zwei = two, so in the first box draw two things:

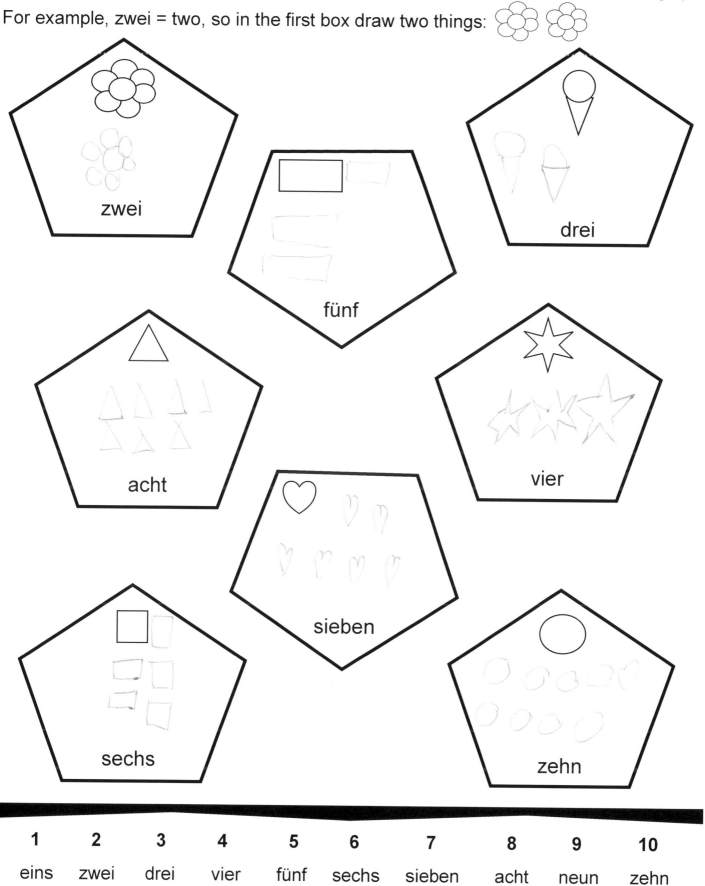

zwei

drei

fünf

acht

vier

sieben

sechs

zehn

| 1 | 2 | 3 | 4 | 5 | 6 | 7 | 8 | 9 | 10 |
|---|---|---|---|---|---|---|---|---|---|
| eins | zwei | drei | vier | fünf | sechs | sieben | acht | neun | zehn |

9

# Einkaufen gehen (Shopping)

Bitte um die richtige Menge und sag **bitte.**

(Ask for the correct quantity, then say **bitte** (bitte means please).)

Acht, bitte.  (8, please.)

_Zwei, bitte._

a) Zwei bitte                                          .

b) Acht bitte                                          .

c) fünf bitte                                          .

d) drei bitte                                          .

e) vier bitte                                          .

f) Sieben bitte                                        .

g) Sechs bitte                                         .

| 1 | 2 | 3 | 4 | 5 | 6 | 7 | 8 | 9 | 10 |
|---|---|---|---|---|---|---|---|---|----|
| eins | zwei | drei | vier | fünf | sechs | sieben | acht | neun | zehn |

# Lass uns rechnen!

(Let's do the calculations!)

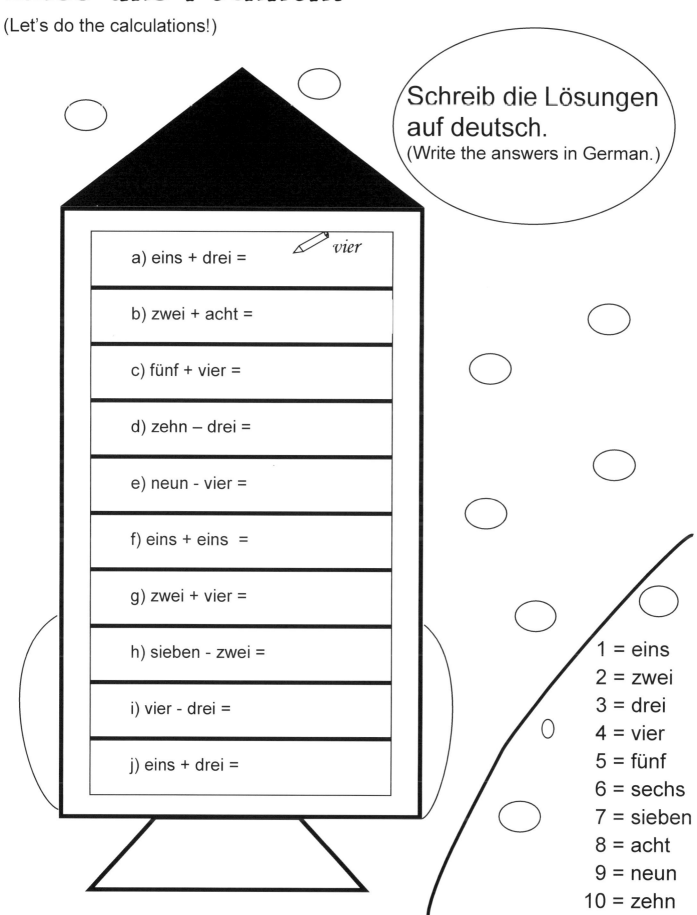

Schreib die Lösungen auf deutsch.
(Write the answers in German.)

a) eins + drei =   *vier*

b) zwei + acht =

c) fünf + vier =

d) zehn – drei =

e) neun - vier =

f) eins + eins  =

g) zwei + vier =

h) sieben - zwei =

i) vier - drei =

j) eins + drei =

1 = eins
2 = zwei
3 = drei
4 = vier
5 = fünf
6 = sechs
7 = sieben
8 = acht
9 = neun
10 = zehn

# Wie alt bist du? (How old are you?)

Schreib auf, wie alt die folgenden Kinder sind:
(Write how old the following children are:)

Ich bin ___ Jahre alt. = I am ___ years old.

*Ich bin acht Jahre alt.*

a) 8

b) 9

c) 5

d) 7

e) 3

| 1 | 2 | 3 | 4 | 5 | 6 | 7 | 8 | 9 | 10 |
|---|---|---|---|---|---|---|---|---|----|
| eins | zwei | drei | vier | fünf | sechs | sieben | acht | neun | zehn |

# Gitterrätsel (Word search)

| T | E | W | Y | L | N |
|---|---|---|---|---|---|
| L | I | H | Z | H | I |
| K | N | Y | E | G | R |
| P | S | Z | E | Y | I |
| L | Z | V | I | E | R |
| D | R | E | I | W | B |
| N | E | B | E | I | S |
| F | Z | O | U | F | S |
| Ü | E | W | N | H | S |
| N | D | Z | C | S | T |
| F | W | E | Ü | M | H |
| N | S | R | I | Z | C |
| E | G | E | K | Ü | A |
| Ü | W | P | H | W | Z |
| Z | M | N | E | U | N |

## Such die Wörter
(Look for the words)

EINS

ZWEI

DREI

VIER

FÜNF

SECHS

SIEBEN

ACHT

NEUN

ZEHN

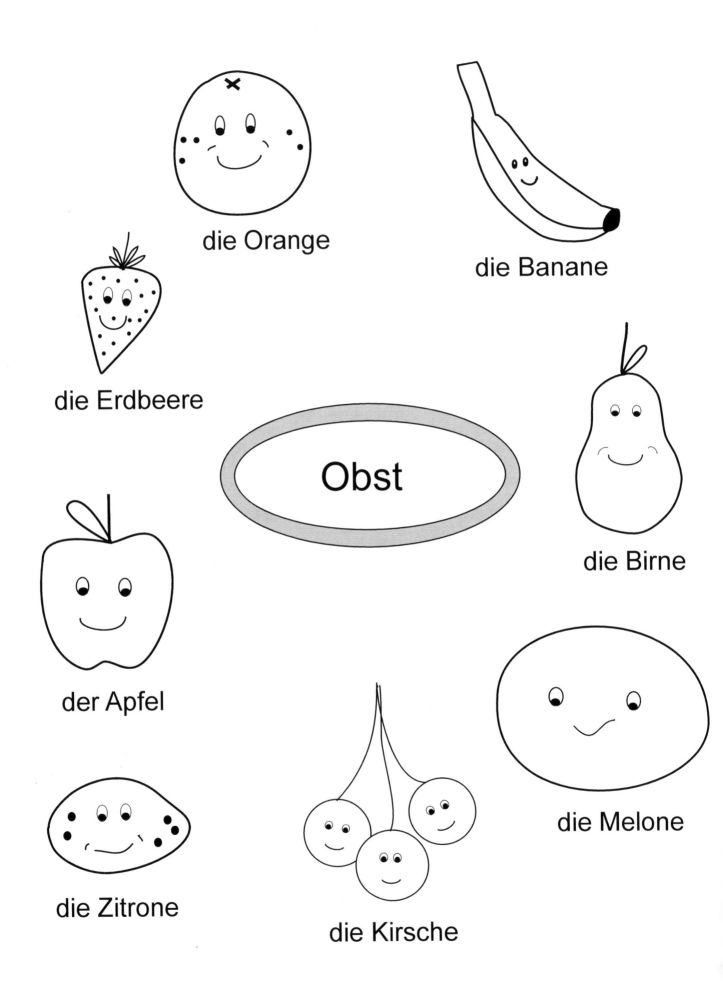

die Orange

die Banane

die Erdbeere

Obst

die Birne

der Apfel

die Melone

die Zitrone

die Kirsche

# Obst (fruit)

## Zeiche die Frucht: (Draw the fruit:)

die Banane

die Melone

die Zitrone

die Birne

die Erdbeere

der Apfel

die Orange

die Kirsche

Notice that in German the fruit begin with a capital letter.

This is because all nouns in German begin with a capital letter.

# Zählen macht Spaß! (Counting is fun!)

## Zähle und notiere die richtige Anzahl auf Deutsch.
(Count and write the correct number in German.)

*fünf*

a) _____ Orange**n**

b) _____ Zitrone**n**

c) _____ Erdbeere**n**

d) _____ Banane**n**

e) _____ Birne**n**

| | |
|---|---|
| 1 = eins | 5 = fünf |
| 2 = zwei | 6 = sechs |
| 3 = drei | 7 = sieben |
| 4 = vier | 8 = acht |

There is an n on the end of the words because there is more than one of each type of fruit.
(N is added to make the plural if the word ends in an e.)

# Zählen macht Spaß! (Counting is fun!)

Schreib die korrekte Menge und Namen der Früchte auf deutsch:

(Write the correct quantity and type of fruit in German:)

a)

✎ *zwei Äpfel*

e)

_____

b)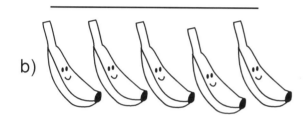

f)

_____

c)

g)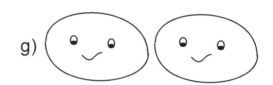

_____

d)

_____

| zwei Äpfel | | Notice the plural of Apfel just has two dots on the A. |
| neun Erdbeeren | vier Birnen | |
| drei Zitronen | zwei Melonen | |
| drei Orangen | fünf Bananen | |

# Welches Obst magst du?

(Which fruit do you like?)

Ich mag
(I like)

Ich mag keine
(I don't like)

Orangen
Erdbeeren
Kirschen
Birnen
Bananen
Äpfel

*Ich mag Erdbeeren .  (I like strawberries.)*
*Ich mag keine Erdbeeren. (I don't like strawberries.)*

a) _____ .

b) _____ .

c) _____ .

d) _____ .

e) _____ .

f) _____ .

Notice that **Ich mag** means I like, but by adding the word **keine** before the fruit you make the sentence mean you don't like the fruit .

# Ein Kilo Orangen, bitte. (A kilo of oranges, please.)

Folge den Linien um zu sehen, welches Obst die Kinder wollen.
Bitte um ein Kilo von jeder Frucht.

(Follow the lines to see what fruit the children want. Ask for a kilo of each fruit.)

Ein Kilo Orangen, bitte. = A kilo of oranges, please.

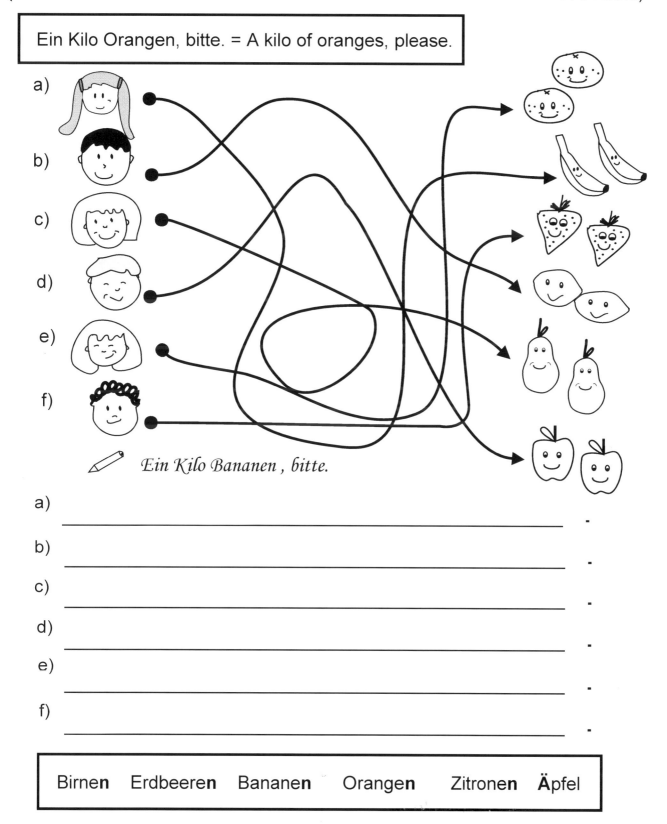

*Ein Kilo Bananen , bitte.*

a) _____ -

b) _____ -

c) _____ -

d) _____ -

e) _____ -

f) _____ -

Birnen    Erdbeeren    Bananen    Orangen    Zitronen    Äpfel

19

# Gitterrätsel (Word search)

## Such die Wörter (Look for the words)

ORANGE      BIRNE      ZITRONE      BANANE      ERDBEERE

KIRSCHE      APFEL      MELONE      OBST

```
E  R  D  B  E  E  R  E  D  T  R  N
D  E  G  M  P  S  M  U  P  K  T  R
K  T  N  D  M  E  L  O  N  E  R  O
I  R  B  P  T  N  M  D  E  G  P  K
R  B  I  E  M  E  N  O  R  T  I  Z
S  O  R  D  G  T  M  N  G  P  U  V
C  G  N  E  D  E  G  A  P  F  E  L
H  N  E  O  N  T  M  E  G  P  L  E
E  M  Y  A  G  R  T  N  E  B  Y  D
B  K  N  E  M  S  L  O  M  N  P  V
D  A  P  V  B  G  B  W  P  D  B  Y
B  G  P  O  U  M  E  G  N  A  R  O
```

weiß

grau

gelb

schwarz

Farben

rot

orange

grün

lila

braun

rosa

blau

21

# Welche Farbe ist das?

(What colour is it?)

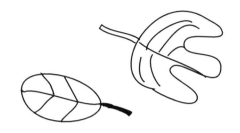

a) ✏ *rot*

b) _____

_____

d) _____

c) _____

e) _____

f) _____

g) _____

| rosa = pink | rot = red | weiß = white | grün = green |
|---|---|---|---|
| braun = brown | gelb = yellow | blau = blue | |

22

# Regenbogen (Rainbow)

## 1) Verbinde die deutschen mit den englischen Wörtern.
(Draw a line to match the German and English words.)

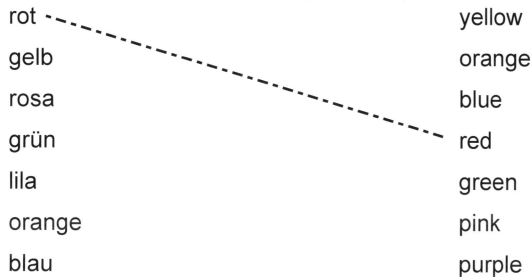

| rot | yellow |
| gelb | orange |
| rosa | blue |
| grün | red |
| lila | green |
| orange | pink |
| blau | purple |

## 2) Benutze die richtigen Farben.
(Colour in using the correct colours.)

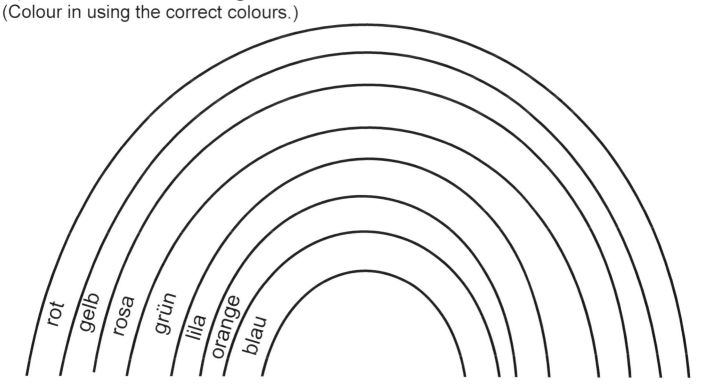

| rot = red | gelb = yellow | rosa = pink | grün= green |
| lila = purple | orange = oragne | blau = blue | |

# Schmetterlinge (Butterflies)

Welche Farben haben die Schmetterlinge?
(What colours are the butterflies?)

Folge den Linien und mal die Schmetterlinge mit der richtigen Farbe an. (Follow the lines and colour the butterflies using the correct colours.)

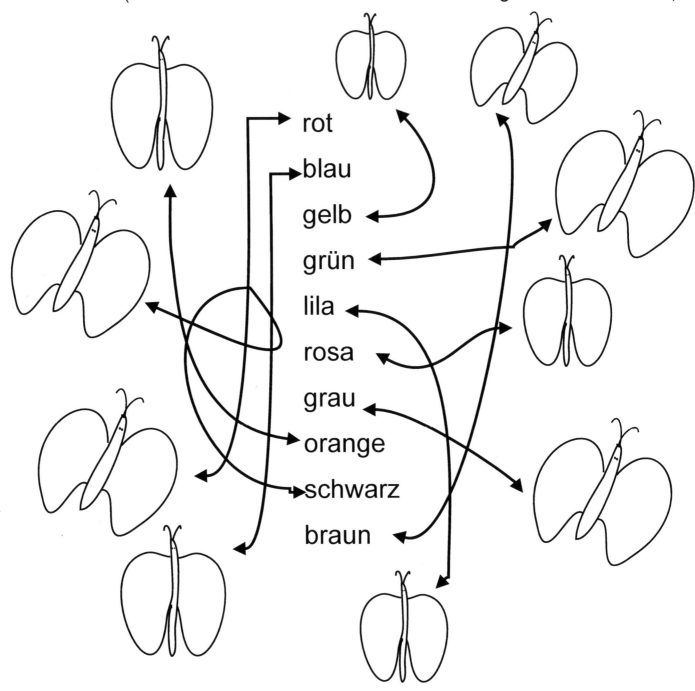

rot

blau

gelb

grün

lila

rosa

grau

orange

schwarz

braun

| rot = red | blau = blue | gelb = yellow | grün = green | lila = purple |
|---|---|---|---|---|
| rosa = pink | grau = grey | orange = orange | schwarz = black | braun = brown |

# Ballons

Mal die Ballons mit den folgenden Farben an:

(Colour the balloons using these colours:)

1 = grün    2 = rot    3 = blau    4 = gelb    5 = braun

6 = lila    7 = grau    8 = rosa    9 = orange

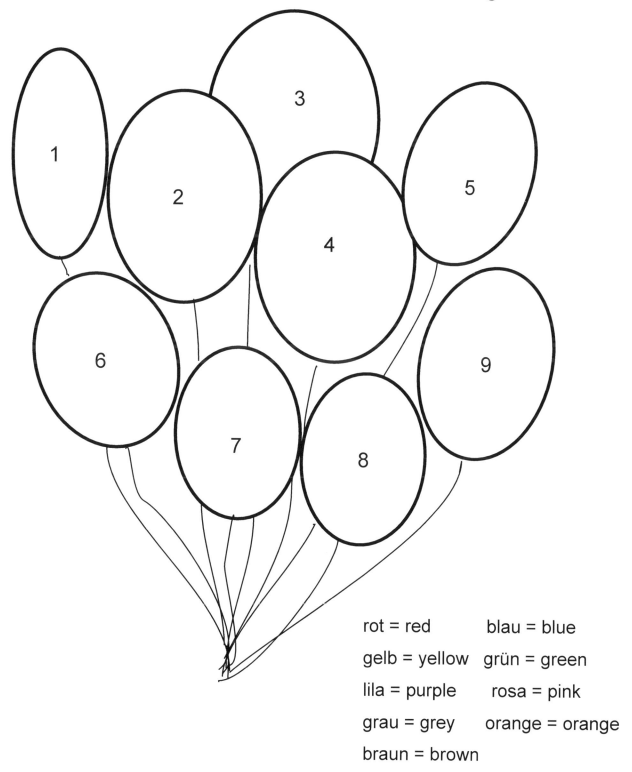

rot = red        blau = blue

gelb = yellow    grün = green

lila = purple    rosa = pink

grau = grey      orange = orange

braun = brown

# Geschenke (Presents)

Mal die richtige Anzahl der Geschenke mit der richtigen Farbe an: (Colour the correct number of presents using the right colour)

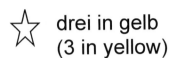 drei in gelb
(3 in yellow)

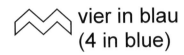 vier in blau
(4 in blue)

♡ zwei in rot
(2 in red)

○ drei in rosa

△ vier in grün

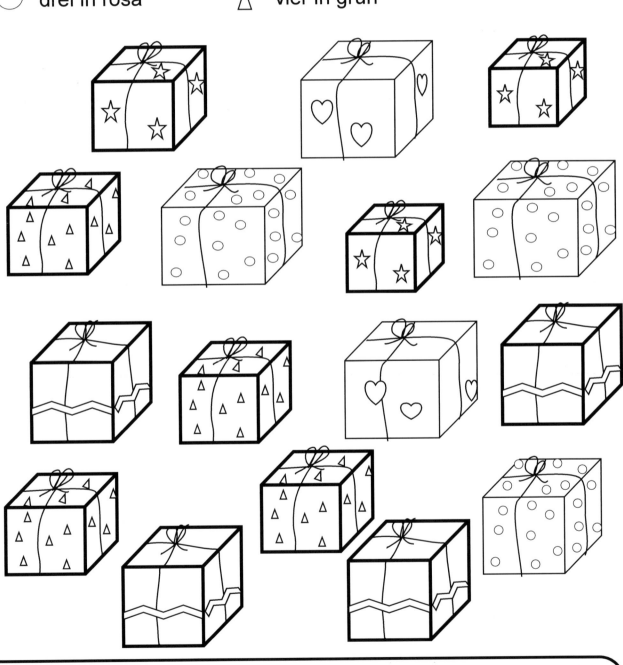

rot = red    blau = blue    gelb = yellow    grün = green    rosa = pink

26

# Teddybären (Teddy bears)

Lies die Sätze und mal die Teddybären mit der richtigen Farbe an.

(Read the sentences and colour in the teddies using the correct colour.)

Ich mag = I like     Ich mag gelb = I like yellow

a) Ich mag gelb

b) Ich mag rosa

c) Ich mag grün

d) Ich mag lila

e) Ich mag blau

f) Ich mag rot

rosa = pink     rot = red     blau = blue     lila = purple     grün = green     gelb = yellow

# Gitterrätsel (Word search)

## Such die Wörter (Look for the words)

| | | |
|---|---|---|
| ROT | SCHWARZ | ROSA |
| BLAU | ORANGE | LILA |
| GELB | BRAUN | GRAU |
| WEIß | GRÜN | |

```
S C H W A R Z Ü S B T R G S
E R G S M P U K T O ß U I H
B D B R A U N O R E A U R M
L R M P H K I A Z R G W G Y
A G L I L A U E G M H Y E H
U K I A G H R M U Z W H L M
S E Y W Z A O K G W H I B G
M G R Ü N H S K E G E A W D
Y ß D ß E Z A O G H W I U Ü
E G N A R O U A D M U W ß H
```

das T-Shirt

der Rock

die Shorts

der Mantel

Kleidung

die Hose

die Jeans

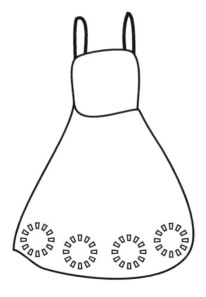

das Kleid

der Pullover

# Kleidung

Schreib das korrekte deutsche Wort zu jedem Bild.
(Write the correct German word for each picture.)

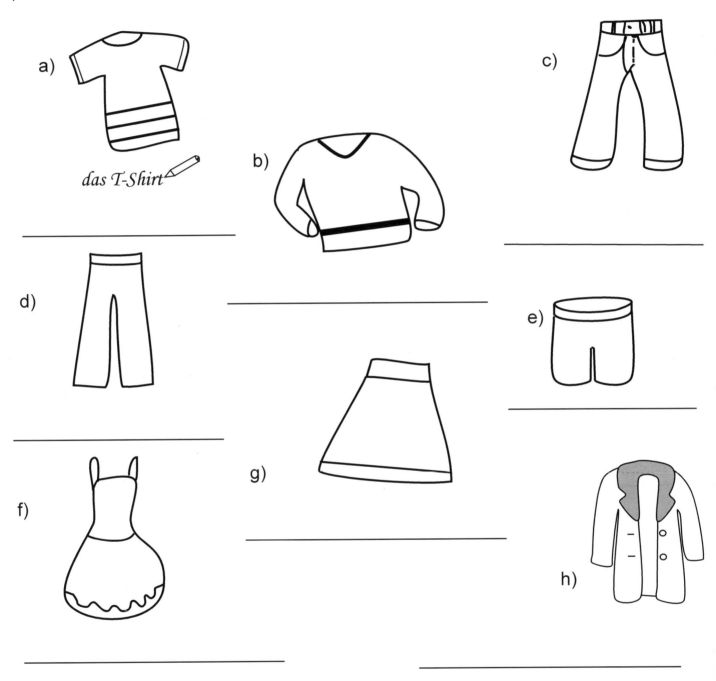

a) *das T-Shirt*

b)

c)

_____

_____

_____

d)

e)

f)

g)

h)

_____

_____

 die Hose     die Shorts     die Jeans     der Rock     der Pullover     der Mantel     das T-Shirt     das Kleid

# Einkaufen gehen (Shopping)

> Wieviel kostet .....? = How much is ......?
>
> Wieviel kostet das T-Shirt? = How much is the T-shirt?

## Frag auf deutsch nach dem Preis für der Kleider.
(Ask in German for the price of the clothes)

a) ✏️ *Wieviel kostet das T-Shirt?*

_____

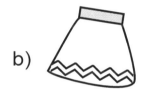

b) _____

c) _____

d) _____

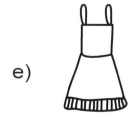

e) _____

| das T-Shirt | das Kleid | der Mantel |
|-------------|-----------|------------|
| der Pullover | der Rock | |

# Welche Farben haben die Kleidungsstücke?

(What colour are the clothes?)

## Mal die Bilder in der richtigen Farbe an.

(Colour the pictures using the correct colour.)

a)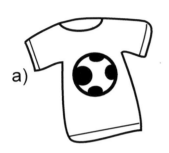

Das T-Shirt ist blau.
(The t-shirt is blue.)

b)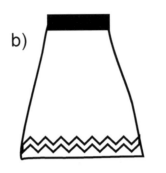

Der Rock ist grün.

c)

Der Pullover ist gelb.

d)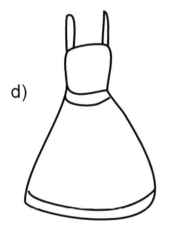

Das Kleid ist rot.

e)

Der Pullover ist braun.

f)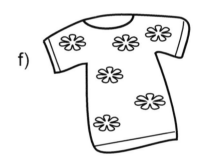

Das T-Shirt ist lila.

g)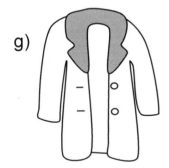

Der Mantel ist schwarz.

h)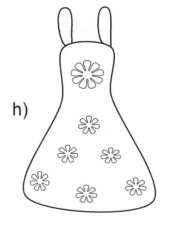

Das Kleid ist rosa.

i)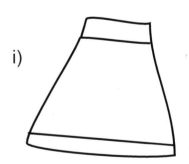

Der Rock ist grau.

| | | | |
|---|---|---|---|
| grün = green | blau = blue | gelb = yellow | lila =purple |
| rosa = pink | grau = grey | schwarz = black | rot = red |

# Zählen macht Spaß! (Counting is fun!)

Zähle und notiere die richtige Anzahl auf Deutsch.
(Count and write the correct number in German.)

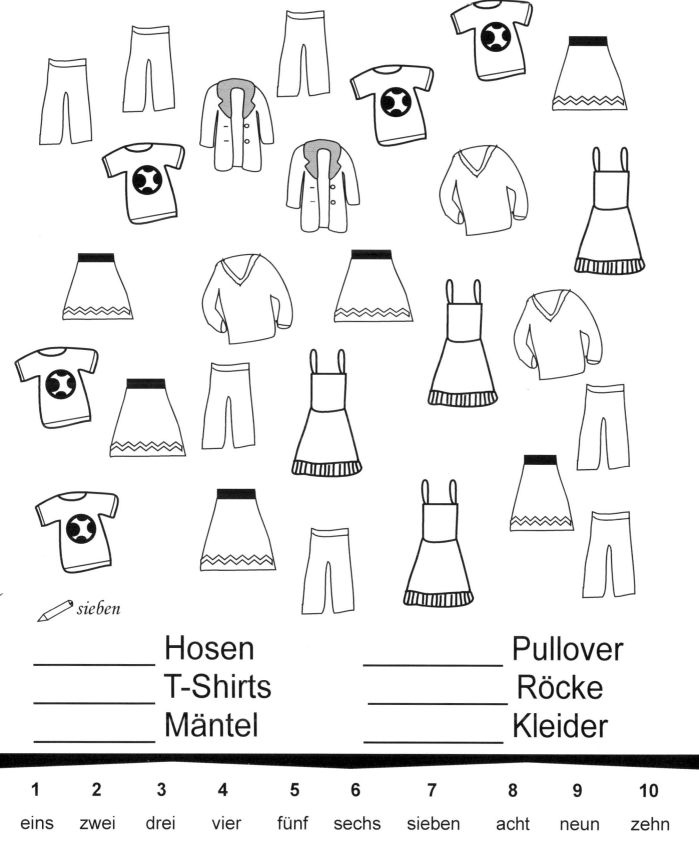

_sieben_

_____ Hosen          _____ Pullover
_____ T-Shirts        _____ Röcke
_____ Mäntel          _____ Kleider

| 1 | 2 | 3 | 4 | 5 | 6 | 7 | 8 | 9 | 10 |
|---|---|---|---|---|---|---|---|---|---|
| eins | zwei | drei | vier | fünf | sechs | sieben | acht | neun | zehn |

# Gitterrätsel (Word search)

## Such die Wörter (Look for the words)

| | | |
|---|---|---|
| MANTEL | HOSE | KLEIDUNG |
| JEANS | SHORTS | PULLOVER |
| KLEID | ROCK | T-SHIRT |

```
K L E I D B R K N
D N G R U H Y L B
L E T N A M L E W
C Y M W H K U I Z
Z H U L C M Y D C
M Z W O U H S U T
B C R Y L T Z N R
H D T M R L H G I
O G M O C B Z M H
S Z H L T D B H S
E S M S N A E J —
W T G B Z U C H T
P U L L O V E R M
B C Z M U H K D H
```

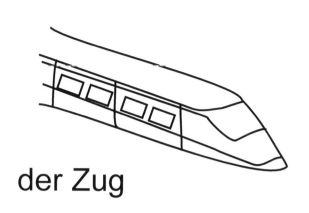

der Zug

das Flugzeug

das Fahrrad

Transportmittel

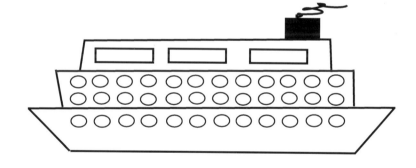

das Schiff

das Auto

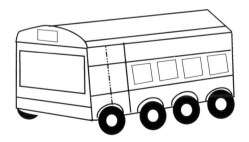

der Bus

# Transportmittel (Transport)

## Schreib die Wörter ab und mal die Bilder ab.
(Copy the words and draw the pictures.)

 das Auto

*das Auto* ✏

_____

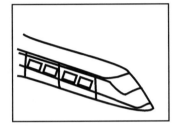 der Zug

_____

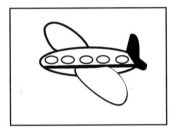 das Flugzeug

_____

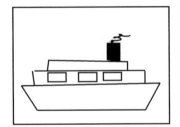 das Schiff

_____

 das Fahrrad

_____

 der Bus

_____

# Auf der Reise (Travel)

Ich fahre
(I go by / travel)

mit dem Bus   = by bus
mit dem Auto = by car
mit dem Schiff = by boat
mit dem Fahrrad = by bike
mit dem Zug = by train

Folg den Linien und schreibe Sätze darüber, wie die Leute reisen.
(Follow the lines and write the sentences about how the people are travelling.)

a)

b)

c)

d)

e)

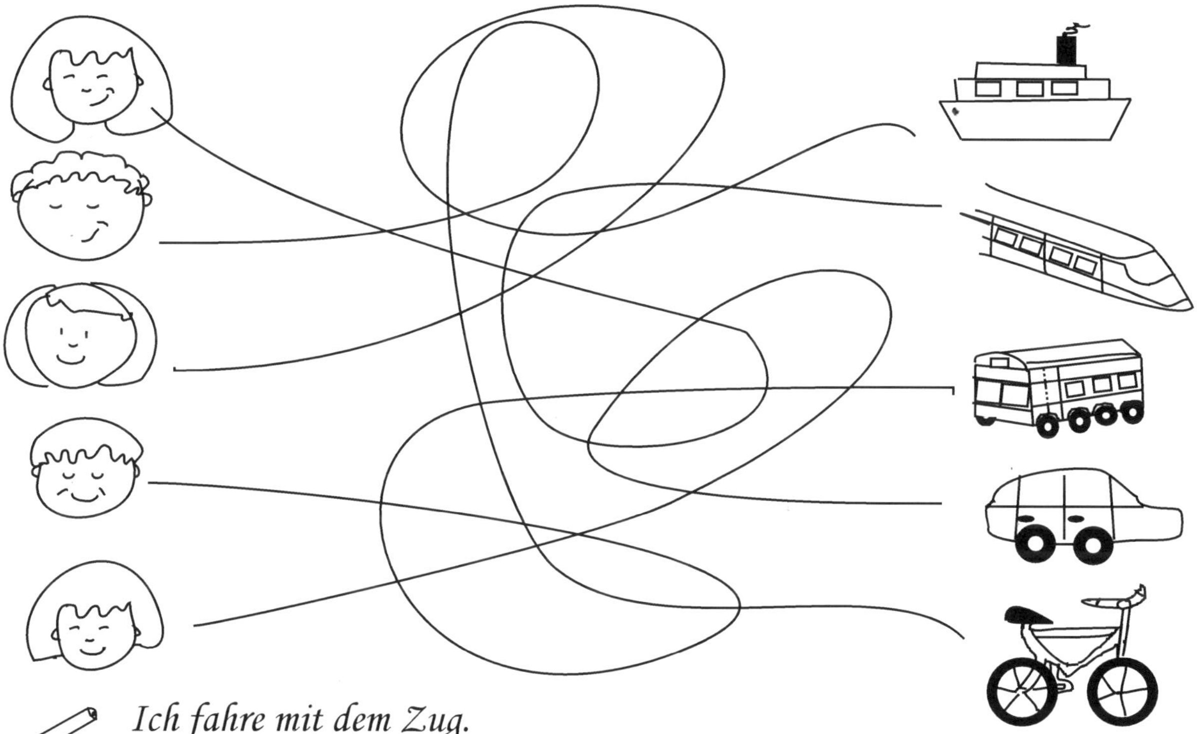

*Ich fahre mit dem Zug.*

a) _____ .

b) _____ .

c) _____ .

d) _____ .

e) _____ .

# Zählen macht Spaß! (Counting is fun!)

Zähle und notiere die richtige Anzahl auf Deutsch.
(Count and write the correct number in German.)

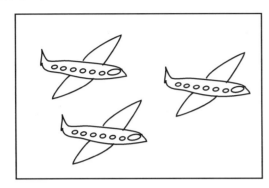

drei

_____ Flugzeuge

_____ Autos

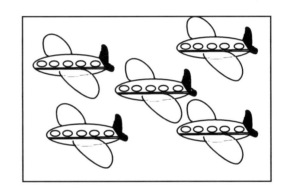

_____Fahrräder

_____ Flugzeuge

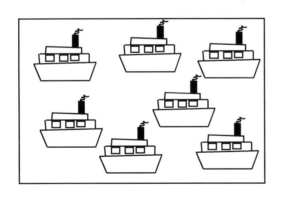

_____ Schiffe

_____ Busse

| 1 | 2 | 3 | 4 | 5 | 6 | 7 | 8 | 9 | 10 |
|---|---|---|---|---|---|---|---|---|---|
| eins | zwei | drei | vier | fünf | sechs | sieben | acht | neun | zehn |

# Transportmittel (Transport)

Mal die Bilder mit der richtigen Farbe an:

(Colour in the pictures using the correct colour.)

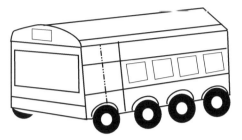

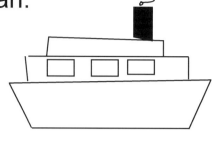

Das Schiff ist grün.

### Der Bus ist rot.

(The bus is red.)

Das Fahrrad ist rosa.

Das Flugzeug ist gelb.

Das Auto ist blau.

Der Zug ist grau.

| | | |
|---|---|---|
| rot = red | grün = green | gelb = yellow |
| rosa = pink | grau = grey | blau = blue |

# Gitterrätsel (Word search)

## Such die Wörter (Look for the words)

ZUG        AUTO        FAHRRAD        ICH FAHRE

BUS        SCHIFF        FLUGZEUG

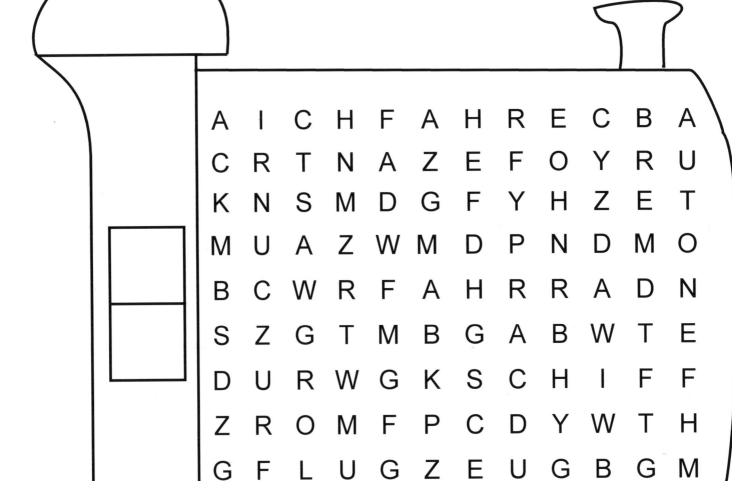

| A | I | C | H | F | A | H | R | E | C | B | A |
|---|---|---|---|---|---|---|---|---|---|---|---|
| C | R | T | N | A | Z | E | F | O | Y | R | U |
| K | N | S | M | D | G | F | Y | H | Z | E | T |
| M | U | A | Z | W | M | D | P | N | D | M | O |
| B | C | W | R | F | A | H | R | R | A | D | N |
| S | Z | G | T | M | B | G | A | B | W | T | E |
| D | U | R | W | G | K | S | C | H | I | F | F |
| Z | R | O | M | F | P | C | D | Y | W | T | H |
| G | F | L | U | G | Z | E | U | G | B | G | M |

| German | | English | |
|---|---|---|---|
| | acht | | eight |
| der | Apfel | the | apple |
| | Auf Wiedersehen | | Good bye |
| das | Auto | the | car |
| | Autos | | cars |
| | Ballons | | ballons |
| die | Banane | the | Banana |
| | Bananen | | bananas |
| die | Birne | the | pear |
| | Birnen | | pears |
| | bitte | | please |
| | blau | | blue |
| | braun | | brown |
| der | Bus | the | bus |
| | Busse | | busses |
| | danke | | thank you |
| | deutsch | | German |
| | drei | | three |
| | Einkaufen | | shopping |
| | eins | | one |
| | englisch | | English |
| die | Erdbeere | the | strawberry |
| | Erdbeeren | | strawberries |
| das | Fahrrad | the | bike |
| | Fahrräder | | bikes |
| | Farben | | colours |
| das | Flugzeug | the | airplane |
| | Flugzeuge | | airplanes |
| die | Frucht | the | fruit |
| | fünf | | five |
| | gelb | | yellow |
| | Geschenke | | presents |
| | Gitterrätsel | | wordsearch |
| | grau | | grey |
| | grün | | green |
| | gut | | okay / good |
| | Guten Abend | | good evening |
| | Guten Tag | | Good day |
| die | Hose | the | trousers |
| | Ich fahre | | I travel |
| | Ich heiße… | | My name is |
| | Ich mag | | I like |
| | ja | | yes |
| die | Jeans | the | jeans |

| German | | English | |
|---|---|---|---|
| ein | Kilo | a | kilo |
| die | Kirsche | the | cherry |
| das | Kleid | the | dress |
| | Kleider | | dresses / clothes |
| die | Kleidung | the | clothes |
| | lila | | purple |
| der | Mantel | the | coat |
| | Mäntel | | coats |
| die | Melone | the | melon |
| | nein | | no |
| | neun | | nine |
| | nicht gut | | not good |
| das | Obst | the | fruit |
| die | Orange | the | Orange |
| | orange | | orange |
| | Orangen | | oranges |
| der | Pullover | the | jumper |
| der | Rock | the | skirt |
| | Röcke | | skirts |
| | rosa | | pink |
| | rot | | red |
| das | Schiff | the | ship |
| | Schiffe | | boats |
| | schwarz | | black |
| | sechs | | six |
| | sehr gut | | very good |
| die | Shorts | the | shorts |
| | sieben | | seven |
| | Teddybären | | teddy bears |
| | Transportmittel | | Transport |
| das | T-Shirt | the | T-shirt |
| | T-Shirts | | t-shirts |
| | vier | | four |
| | weiß | | white |
| | Wie geht's? | | How are you? |
| | Wie heißt du? | | What is your name? |
| das | Wort | the | word |
| | Wörter | | words |
| | Zahlen | | numbers |
| | zehn | | ten |
| die | Zitrone | the | lemon |
| | Zitronen | | lemons |
| der | Zug | the | train |
| | zwei | | two |

# Answers

Page 2

a) Guten Tag! Ich heiße Stefanie.
b) Guten Tag! Ich heiße Thomas.
c) Guten Tag! Ich heiße Sarah.
d) Guten Tag! Ich heiße Benjamin.

Page 3

2a) sehr gut     b) gut     c) nicht gut     d) sehr gut

Page 4

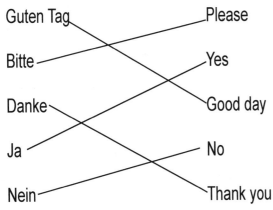

Guten Tag — Good day
Bitte — Please
Danke — Thank you
Ja — Yes
Nein — No

Auf Wiedersehen ——— Good bye

Page 5

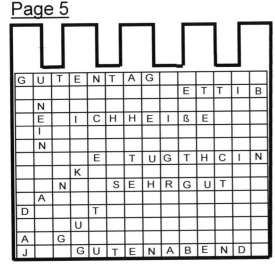

Page 7
a) drei     b) vier     c) fünf     d) zwei     e) eins
f) sieben   g) sechs    h) acht     i) zehn     j) neun

42

## Page 8

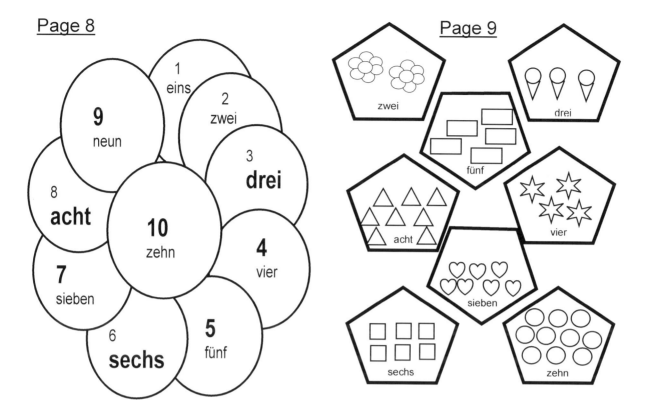

## Page 9

## Page 10

a) Zwei, bitte.     b) Acht, bitte.     c) Fünf, bitte.     d) Drei, bitte.
e) Vier, bitte.     f) Sieben, bitte     g) Sechs, bitte.

## Page 11

a) vier     b) zehn     c) neun     d) sieben     e) fünf
f) zwei     g) sechs     h) fünf     i) eins     j) vier

## Page 12

a) Ich bin acht Jahre alt.
b) Ich bin neun Jahre alt.
c) Ich bin fünf Jahre alt.
d) Ich bin sieben Jahre alt.
e) Ich bin drei Jahre alt.

## Page 13

| | E | | | | N |
|---|---|---|---|---|---|
| | I | | | H | |
| | N | | E | | |
| | S | Z | | | |
| | | V | I | E | R |
| D | R | E | I | | |
| N | E | B | E | I | S |
| F | | | | | S |
| Ü | | | | H | |
| N | | | C | | T |
| F | | E | | | H |
| | S | | I | | C |
| | | E | | | A |
| | W | | | | |
| Z | | N | E | U | N |

The following fruit should be drawn in the boxes:

die Banane = the banana     die Melone = the melon    die Zitrone = the lemon
die Birne = the pear    die Erdbeere = the strawberry   der Apfel = the apple
die Orange = the orange    die Kirsche = the cherry

## Page 16

a) fünf Orangen     b) drei Zitronen     c) sieben Erdbeeren
d) acht Bananen     e) sechs Birnen

## Page 17

a) zwei Äpfel     b) fünf Bananen    c) drei Zitronen    d) neun Erdbeeren
e) drei Orangen    f) vier Birnen     g) zwei Melonen

## Page 18

If you like the fruit write:
a) Ich mag Erdbeeren.
b) Ich mag Orangen.
c) Ich mag Bananen.
d) Ich mag Äpfel.
e) Ich mag Birnen.
f) Ich mag Kirschen.

If you don't like the fruit write:
Ich mag keine Erdbeeren.
Ich mag keine Orangen.
Ich mag keine Bananen.
Ich mag keine Äpfel.
Ich mag keine Birnen.
Ich mag keine Kirschen.

## Page 19

a) Ein Kilo Bananen, bitte.
b) Ein Kilo Zitronen, bitte.
c) Ein Kilo Birnen, bitte .
d) Ein Kilo Äpfel, bitte.
e) Ein Kilo Orangen, bitte.
f) Ein Kilo Erdbeeren, bitte.

## Page 20

| E | R | D | B | E | E | R | E |   |   |   |   |
|---|---|---|---|---|---|---|---|---|---|---|---|
|   |   |   |   |   |   |   |   |   |   |   |   |
| K |   |   |   | M | E | L | O | N | E |   |   |
| I |   | B |   |   |   |   |   |   |   |   |   |
| R |   | I |   |   | E | N | O | R | T | I | Z |
| S |   | R |   |   |   |   |   |   |   |   |   |
| C |   | N |   |   | E |   | A | P | F | E | L |
| H |   | E |   | N |   |   |   |   |   |   |   |
| E |   |   | A |   |   | T |   |   |   |   |   |
|   |   | N |   | S |   |   |   |   |   |   |   |
|   | A |   | B |   |   |   |   |   |   |   |   |
| B |   | O |   |   |   | E | G | N | A | R | O |

a) rot    b) grün    c) rosa    d) weiß    e) braun    f) gelb    g) blau

Page 23

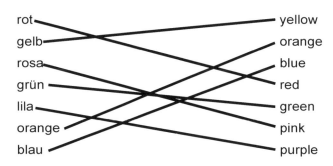

rot — red
gelb — yellow
rosa — pink
grün — green
lila — purple
orange — orange
blau — blue

The rainbow should be coloured in the following order:
red    yelllow    pink    green    purple    orange    blue

Page 24
The butterflies should be coloured as follows:

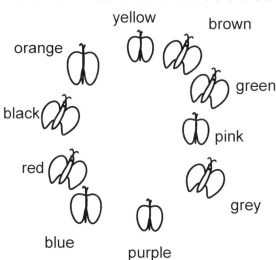

yellow
brown
orange
green
black
pink
red
grey
blue
purple

Page 25

1 = green
2 = red
3 = blue
4 = yellow
5 = brown
6 = purple
7 = grey
8 = pink
9 = orange

Page 26
3 presents are yellow
4 presents are blue
2 presents are red
3 presents are pink
4 presents are green

Page 27
The teddies should be:
a) yellow    d) purple
b) pink      e) blue
c) green     f) red

Page 28

| S | C | H | W | A | R | Z |   |   | T |   |   |
|---|---|---|---|---|---|---|---|---|---|---|---|
|   |   |   |   |   |   |   | O |   | U |   |   |
| B |   | B | R | A | U | N |   | R |   | A |   |
| L |   |   |   |   |   |   | R |   |   | G |   |
| A |   | L | I | L | A |   |   | G |   | E |   |
| U |   |   |   |   | R |   |   |   | L |   |   |
|   |   |   |   |   | O |   | W |   | B |   |   |
|   | G | R | Ü | N |   | S |   | E |   |   |   |
|   |   |   |   |   | A |   |   | I |   |   |   |
| E | G | N | A | R | O |   |   |   |   | ß |   |

# Page 30

a) das T-Shirt     b) der Pullover     c) die Jeans     d) die Hose
e) die Shorts     f) das Kleid     g) der Rock     h) der Mantel

# Page 31

a) Wieviel kostet das T-Shirt?
b) Wieviel kostet der Rock?
c) Wieviel kostet der Mantel?
d) Wieviel kostet der Pullover?
e) Wieviel kostet das Kleid?

# Page 32

a) The T-shirt is blue.
b) The skirt is green.
c) The Pullover is yellow.
d) The dress is red.
e) The Pullover is brown.
f) The T-shirt is purple.
g) The coat is black.
h) The dress is pink.
i) The skirt is grey.

# Page 33

Sieben Hosen
Fünf T-Shirts
Zwei Mantel
Drei Pullover
Sechs Röcke
Vier Kleider

# Page 34

| K | L | E | I | D |   |   | K |   |
|---|---|---|---|---|---|---|---|---|
|   |   |   |   |   |   |   | L |   |
| L | E | T | N | A | M |   | E |   |
|   |   |   |   |   | K |   | I |   |
|   |   |   |   | C |   |   | D |   |
|   |   |   | O |   |   | S | U | T |
|   |   | R |   |   | T |   | N | R |
| H |   |   | R |   |   |   | G | I |
| O |   |   | O |   |   |   |   | H |
| S |   | H |   |   |   |   |   | S |
| E | S |   | S | N | A | E | J | - |
|   |   |   |   |   |   |   |   | T |
| P | U | L | L | O | V | E | R |   |
|   |   |   |   |   |   |   |   |   |

a) Ich fahre mit dem Zug.
b) Ich fahre mit dem Fahrrad.
c) Ich fahre mit dem Schiff.
d) Ich fahre mit dem Bus.
e) Ich fahre mit dem Auto.

## Page 38

Drei Flugzeuge
Vier Fahrräder
Sieben Schiffe
Sechs Autos
Fünf Flugzeuge
Zwei Busse

## Page 39

The bus is red.
The Ship is green.
The plane is yellow
The bike is pink.
The train is grey.
The car is blue.

## Page 40

| | I | C | H | F | A | H | R | E | | A |
|---|---|---|---|---|---|---|---|---|---|---|
| | | | | | | | | | | U |
| | | S | | | | | | | | T |
| | U | | | | | | | | | O |
| B | | | | F | A | H | R | R | A | D |
| | | G | | | | | | | | |
| | U | | | | S | C | H | I | F | F |
| Z | | | | | | | | | | |
| | F | L | U | G | Z | E | U | G | | |

## For children aged 7 - 11 there are the following books by Joanne Leyland:

### Italian
Cool Kids Speak Italian (books 1, 2 & 3)
On Holiday In Italy Cool Kids Speak Italian
Photocopiable Games For Teaching Italian
Stories: Un Alieno Sulla Terra,   La Scimmia Che Cambia Colore,   Hai Un Animale Domestico?

### French
Cool Kids Speak French (books 1 & 2)
Cool Kids Speak French - Special Christmas Edition
On Holiday In France Cool Kids Speak French
Photocopiable Games For Teaching French
Cool Kids Do Maths In French
Stories: Un Alien Sur La Terre,   Le Singe Qui Change De Couleur,   Tu As Un Animal?

### Spanish
Cool Kids Speak Spanish (books 1, 2 & 3)
Cool Kids Speak Spanish - Special Christmas Edition
On Holiday In Spain Cool Kids Speak Spanish
Photocopiable Games For Teaching Spanish
Cool Kids Do Maths In Spanish
Stories: Un Extraterrestre En La Tierra,  El Mono Que Cambia De Color,  Seis Mascotas Maravillosas

### German
Cool Kids Speak German books 1, 2 & 3

### English as a foreign language
Cool Kids Speak English books 1 & 2

---

## For children aged 5 - 7 there are the following books by Joanne Leyland:

### French
Young Cool Kids Learn French
Sophie And The French Magician
Daniel And The French Robot (books 1, 2 & 3)
Daniel And The French Robot Teacher's Resource Book (coming soon)
Jack And The French Languasaurus (books 1, 2 & 3)

### German
Young Cool Kids Learn German

### Spanish
Young Cool Kids Learn Spanish
Sophie And The Spanish Magician
Daniel And The Spanish Robot (books 1, 2 & 3)
Daniel And The Spanish Robot Teacher's Resource Book  (coming soon)
Jack And The Spanish Languasaurus (books 1, 2 & 3)

49111508R00029

Made in the USA
Middletown, DE
18 June 2019